Viktor Stracke

Das Vaterunser und die Figuren der Rosenkreuzer

VERLAG FÜR ANTHROPOSOPHIE
IN DER SCHREINEREI

Der Verlag für Anthroposophie im Internet: www.v-f-a.ch

Gesamtgestaltung: Gabriela de Carvalho

Druck und Bindung: CPI
ISBN 978-3-03769-052-9

Victor Stracke

Das Vaterunser und die Figuren der Rosenkreuzer

Verlag für Anthroposophie

Inhalt

Zum Geleit

Als 1985 der Erstdruck der «Geheimen Figuren der Rosenkreuzer des 16. und 17. Jahrhunderts» erschien, war ein Markstein gesetzt für einen geistigen Schulungsweg des christlichen Abendlandes, der an die Verwandlungskräfte von Erde und Mensch appeliert. Um wenigstens anfänglich seine schwer zugängliche Bildersprache erschliessen zu helfen, veröffentlichte der Anthroposoph und wohl auch persönliche Schüler Rudolf Steiners, Victor Stracke (1903-1991) nach zehn Jahren meditativer Arbeit mit ihr sein monumentales Werk «Das Geistgebäude der Rosenkreuzer», das 1903 posthum erscheinen konnte.

Als Skizze und zur weiteren Anregung des Umgangs mit den «Figuren» möchte die vorliegende kleine Studie verstanden werden, die sich im Nachlass fand. Das Originelle an ihr ist, dass sie eine kleine Auswahl der Figuren herausgreift, um sie mit den Bitten des Vaterunsers in einen Bezug zu bringen. Insbesondere sind es die zahlensymbolischen Geheimnisse der pythagoräischen Mysterienschule, wie sie in dem 1978 erschienenen Buch von Karl Friedrich Althoff «Das Vaterunser, die Wortgestalt des Menschheitsgebetes auf ihrem Weg durch die Kulturen der Völker» (vergriffen) dargestellt werden, die Stracke einbezieht.

So mag es als eine Art fruchtbarer Kunstgriff erscheinen, wenn er aufgrund numerischer Zahlengeheimnisse, in deren Mittelpunkt die Zahl 19, als die Zahl des Christus, steht, eine esoterische Beziehung der «geheimen Figuren» zum Urgebet des Christentums, dem Vaterunser, aufzeigt. Diesen Bezug muss der Leser sich durch einfühlsames Betrachten, gleichsam in Mitarbeit dann selbst mit herstellen.

In gewisser Weise bringt die mittlere Bitte, die Bitte um das tägliche Brot, einen Höhepunkt, der durch Einbezug der Figuren 26, 28 und 29 einen esoterischen Kern bildet. Sie führt auf der einen Seite über das Radkreuz mit schrägen Speichen, dem vom Kreis eingeschlossenen Andreaskreuz zum Rosenkreuz mit aufrechten Speichen (Bild 29, Mitte) und führt andrerseits im Vaterunser mit dem, laut Althoff, im ganzen Evangelium nur hier einmalig vorkommenden Wort **epi-ousion** = täglich(es Brot), über eine verborgene Gralsbeziehung in eine Zukunftsperspektive.

In diesem Sinn kann die kleine Skizze zum Mosaikstein auf dem Schulungsweg werden und zum Umgang mit den «Figuren» anregen.

Dr. med. Dr. phil. Lore Degeller

Das Vaterunser und die Figuren der Rosenkreuzer

Echte Gebets- und Meditations-Inhalte sind nicht ausgedacht, sie stammen aus geistigen Welten. Eine der tiefsten Formen solcher Art ist das christliche Gebet selbst, wie es lt. Matthäus 6, 9 - 13 in der «Bergpredigt» gelehrt wurde. Durch fast zwei Jahrtausende konnte es ungezählten Menschen eine Stütze sein. Unterschiede im Wortlaut und dergleichen sind relativ unbedeutend, Inhalt und Aufbau aber weisen auf Geistgesetze. Rudolf Steiner schildert, wie Inhalt und Aufbau dieses Gebetes ganz dem «Menschen» angepaßt sind, der Art, wie wir die Glieder unseres Wesens durch die Anthroposophie kennen lernen: Einer Dreiheit höherer, noch zu entwikkelnder Glieder stehen die jetzt uns eigenen Hüllen des physischen Leibes, des Lebens- oder Ätherleibes, des Seelen- oder Astralleibes und die Hülle unseres Alltags-Ichs gegenüber.

Im Jahre 1978 ist im Verlag Urachhaus in Stuttgart ein Buch von Karl Friedrich Althoff erschienen mit dem Titel: «Das Vaterunser, die Wortgestalt des Menschheitsgebetes auf ihrem Weg durch die Kulturen der Völker». Auch dieser kommt – wie Rudolf Steiner zum Bild eines Vierecks mit einem darüber befindlichen Dreieck – zu einem scheinbar einfachen Bilde. Da wir uns die Aufgabe gestellt haben, die Bilder der Rosenkreuzerfiguren im Zusammenspiel mit dem Menschheitsgebet zu betrachten, wollen wir die eben erwähnten einfachen Strukturbilder, zunächst ohne dazugefügte Texte, hier darstellen.

Das folgende Schema des Aufbaues der menschlichen Wesensglieder, wie es seit Alters, aber insbesondere in der Schule der Pythagoräer in der Geheimwissenschaft als Zeichen der geheimen Schrift gebraucht wurde, kann gemäß einer Ausführung Rudolf Steiners auch dem Verständnis des Vaterunsers dienen, wie wir noch sehen werden.

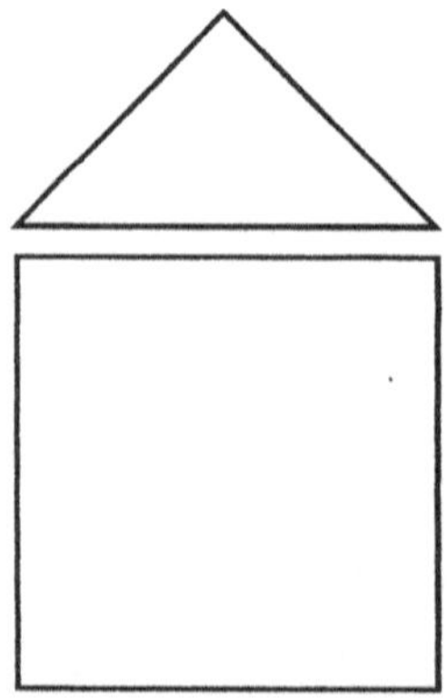

Das untenstehende, zweite Schema geht zunächst von dem Gebet aus, wird uns aber zum Tun des Menschen führen.

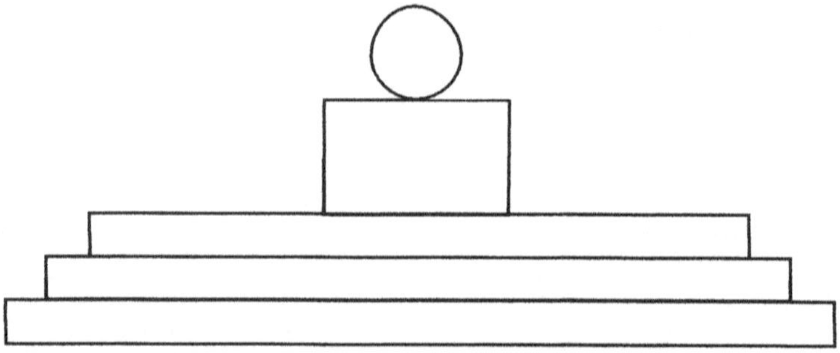

So weit gespannt ist also der Rahmen für die vorliegende Betrachtung, die jedoch nur als Skizze, als Anregung für weites Denken gemeint ist.

Betrachten wir zunächst den Aufbau dieses Gebetes:

Das Vaterunser ist, als direkt auf Christus Jesus zurückzuführen, uns in griechischer Sprache erhalten, in der Weltsprache der Gebildeten der damaligen Zeit. Als Christus-Gabe weist es auf tiefste Geheimnisse hin, die aus himmlischen Reichen dem Menschen mitgeteilt wurden. Entschlüsselt kann es werden durch den Menschen und am Menschen.

Im Urtext besteht das Vaterunser aus 57 Worten: Die ersten sechs Worte, ein Ruf zum Vater im Himmel, dienen einer Einstimmung. Dann folgen drei Anrufungen oder «Bitten» mit je vier Worten. Nun finden wir abermals einen Satz, aus sechs Worten bestehend, welcher auf ein Wechselspiel zwischen Himmel und Erde hinweist, sodann folgt die mittelste der sieben Bitten, diejenige um unser tägliches Brot; sie umfaßt allein acht Worte des griechischen Urtextes. Die drei folgenden Bitten umfassen je gleich viele Worte, mehr als die ersten Bitten, aber weniger als die Brot-Bitte, nämlich je sechs Worte. Und zwischen der fünften und der sechsten Bitte ist abermals ein Satz eingefügt, aus sieben Worten bestehend, der auf seine Gesetzmäßigkeit hindeutet, die besteht zwischen Himmel und Erde, zwischen uns selbst und dem Mitmenschen, auf die gegenseitig notwendige Vergebung.

Zählen wir, zunächst rein äußerlich, diese Anzahlen der Worte des Ur-Vaterunser zusammen, so kommen wir auf die Zahl 57. Und das ist eine Zahl, welche selbst auf ein Geheimnis hindeutet: Teilen wir sie nämlich durch Drei, so ergibt sich als Resultat die Zahl 19. Diese Zahl 19 hinwiederum galt und gilt in manchen Kreisen als «Zahl des Menschen»: Ob man «von unten» oder «von oben» bis zur Mitte zählt, ist gleich, man kommt zur Zahl «Zehn», und unterhalb des Menschen kann man neun Bereiche der Natur bzw. der Schöpfung zählen wie auch oberhalb des Menschen neun Reiche der Engel-Hierarchien.

K. F. Althoff bezeichnet sie in seinem Buche geradezu als Christus-Zahl: «Siebenundfünfzig ist dreimal Neunzehn. Die Zahl 19 jedoch steht in geheimer Beziehung zu dem Christuswesen. Sie bildet das geometrische Mittel zwischen kosmischen und irdischen Rhythmen. Neunzehn ist Zwölf und Sieben: Raum und Zeit ergänzen sich zu Einem. Als ‹Christus-Zahl› erscheint die Neunzehn im Johannesevangelium: Neunzehnmal tritt der Name ‹Christus› auf; neunzehn Sätze hat das Hohepriesterliche Gebet (Joh. 17)...»[1].

Nun, 57 Seiten hat aber auch die Ausgabe der «Geheimen Figuren der Rosenkreuzer», wenn man, wie es die Ausgabe von 1785/88 tut, die Titelblätter mitgezählt. Und da trifft es sich, daß die mittelste Seite, die 29. Seite der Zwei-Heft-Ausgabe, welche von Anfang an den Betrachtungen des Verfassers zugrunde lag, in ihrer Mitte das Radkreuz, also den Kreis mit den gekreuzten Durchmessern, als das «wahre Rosenkreuz», als das «Geheimnis aller Geheimnisse» bringt. Und das Buch von K. F. Althoff hat, ohne sonst auf die Figuren der Rosenkreuzer aufzubauen, beim mittelsten Wort des Ur-Vaterunsers, beim 29. Wort merkwürdigerweise als zusätzliches erklärendes Bild ebenfalls das Radkreuz gebracht, aber schräg gedreht, so daß die Durchmesser ein griechisches «Chi» bilden. Dies war der Anlaß, zu fragen: Was für Bild-Entsprechungen finden sich noch zwischen den beiden esoterischen Geschenken, zwischen den «Geheimen Figuren der Rosenkreuzer», die ja, wie Rudolf Steiner in Neuchâtel sagte, «wie von Christus selbst gegeben...» seien und dem Christus-Gebet der Bergpredigt? Und dazu sollen also nun die entsprechenden Bilder betrachtet werden, daß diese Ausführungen nur als skizzenhaft, zwar unser Denken, Fühlen und Wollen anregend aufzufassen, aber nicht als Behauptungen, welche zu «beweisen» seien. Möge Christus in unser Herz Eingang finden!

---

[1] *Karl F. Althoff,* Das Vaterunser, Urachhaus, 1978, Seite 121

Anrufung

Nach oben gerichtet

«Vater unser, der Du bist in den Himmeln!»

Dazu das **Bild 3** der „Figuren“ (S. 14):

Wir sehen den meditierenden Alchymisten, noch bevor er in sein Labor eintritt. Aber er versucht, sich auf die Arbeit einzustimmen. Drei Stufen mußte er bereits überschreiten. Die erste Stufe zeigt die Worte: «Timor Domini», also Furcht des Herrn, Ehrfurcht. Dr. Steiner schildert in seinen grundlegenden Ausführungen zum Beginn des Schulungsweges, wie ein Geistesschüler leichter einen Zugang zur geistigen Welt findet, wenn er Ehrfurcht kennt, wenn er in seiner Jugend z.B. mit Herzklopfen vor der Tür eines geliebten Lehrers gestanden hat, ehe er eintrat.

Die zweite Stufe zum Meditationsraum zeigt die Worte «Cognitio sui ipsius»: Ein ernstes Mysterienwort: «O Mensch, erkenne dich selbst!» Doch auch noch eine dritte Stufe ist zu überschreiten: «Amor proximi» lauten die Worte, also Nächstenliebe haben wir zu entwickeln, ehe wir würdig werden, uns durch Gebet oder Meditation zur höheren Welt zu erheben.

Wir sind dann in der Sinneswelt noch wach, wacher eigentlich als im Alltag: Wie auf Bild 3 sind wir umgeben von den vier Elementen, den vier Winden, den Jahreszeiten, sind noch zwischen den Säulen des Weltgeschehens, sind uns dabei aber bewußt, daß Gott, daß unser Vater in Allem und über Allem «in den Himmeln» eben ist.

Bild 3 der «Figuren»

Die erste Bitte

«Geheiliget werde Dein Name!»

Will man einem Ding oder Ereignis einen Namen geben, dann muß man schon begonnen haben, es zu erkennen.

Dazu betrachten wir **Bild 8** der «Figuren» (S. 17) und wissen uns in «dreyerlei Welten»: In dieser **irdischen Welt,** die von der **himmlischen Welt** und auch von der **höllischen Welt** Wirkungen erhält. Und oben in der Mitte finden wir ganz klein die Worte:

«Des Äußeren innerer Verstand
Ohn' Gottes Licht nicht wird erkannt».

Dann sehen wir auf diesem Bild 8 noch an den «vier Enden der Welt» vier Äußerungen über Gottes Licht:

I. **Gott** ist allenthalben frei
II. ist das A und O: **Vater**
III. ist der Erste und Letzte: **Sohn**
IV. und außer dem Einigen Gott ist kein Gott: **Heiliger Geist**

Und innerhalb der vier Enden ist, gewissermaßen als Vorgriff auf die zweite Bitte schon bildlich «das Reich» dargestellt.

Doch wir befinden uns noch bei der ersten Bitte, der Heiligung des Namens, also der Erkenntnis:

Der erkennende **Mensch** möchte vom **Baum der Erkenntnis Früchte** pflücken (siehe Ausschnitt aus **Bild 9** der «Figuren» auf S. 18). Wir sehen ihn die Hände ausstrecken nach Früchten, Blättern, Zweigen. Das Licht einer von Sternen umgebenen, kosmischen Sonne hat solche Früchte zur Reife gebracht, aber wir dürfen sie noch nicht pflücken, haben uns selbst erst zur Reife zu bringen durch ein **Stu-Di-Um Uni-Versale**, durch ein Studium der vorher genannten drei Welten. Aus Vorträgen Rudolf Steiners wissen wir, daß der erste Grad der Rosenkreuzerischen Schulung das «Studium» war; hier ist dies als Bild dargestellt.

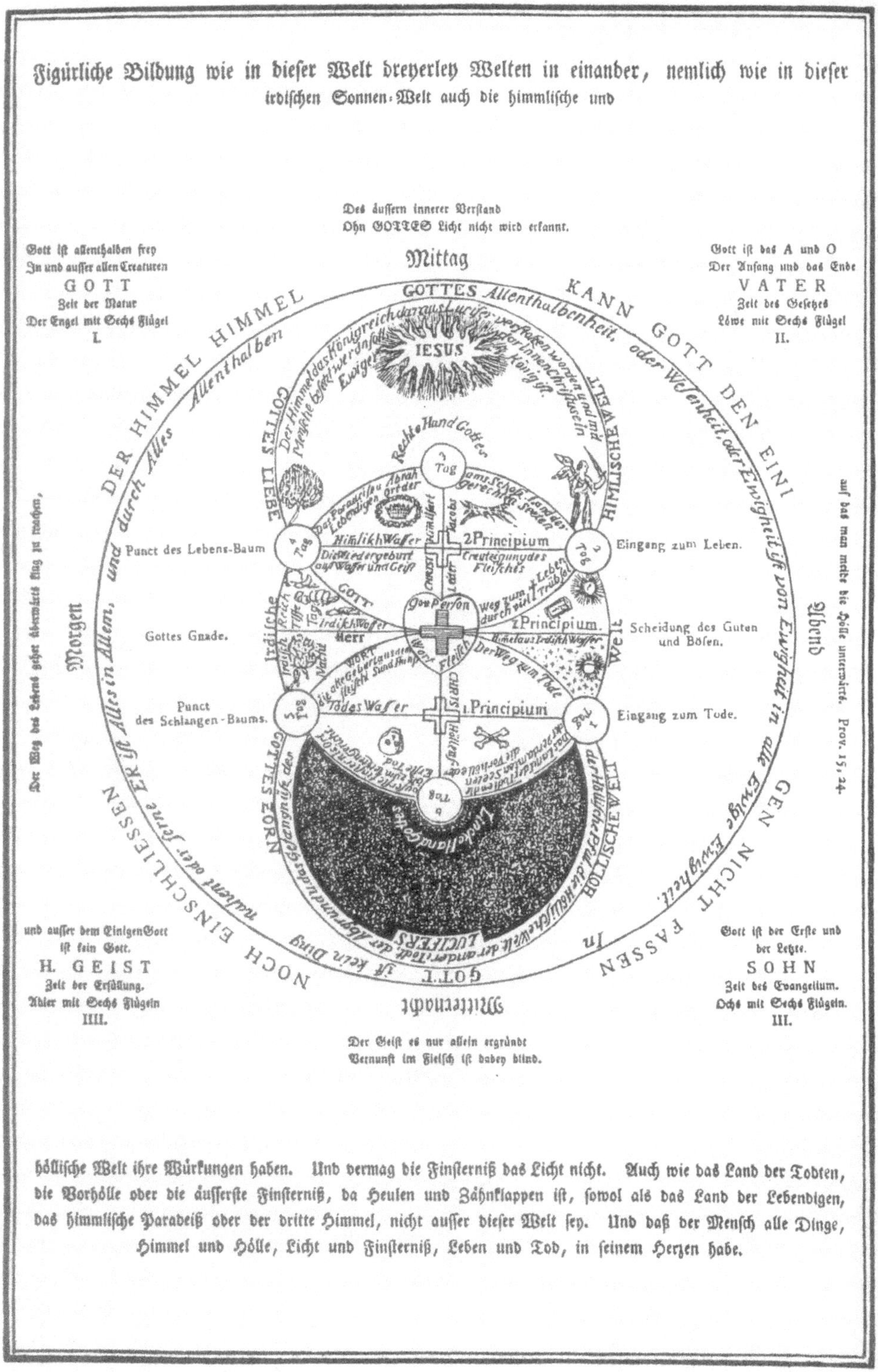

Bild 8 der «Figuren»

Der Baum der Erkenntniß Gutes und Böses.

Ausschnitt aus Bild 9 der «Figuren»

Die zweite Bitte

«Dein Reich komme zu uns!»

Das «Reich» Gottes ist für unsere Sinne sichtbar als unser Sonnensystem. Auch für die Rosenkreuzer des 16., 17. Jahrhunderts war es das: Blicken wir auf das zugehörige **Bild 12** der «Figuren» (S. 21), so sehen wir in der unteren Hälfte desselben die Sonne als Zentralgestirn dargestellt, umgeben von Saturn als äußerstem und Merkur als innerstem Planeten, von Mars und Venus, von Jupiter und Mond. Zur Darstellung kommt auch, wie alle diese Planeten je eine lichte Seite haben und eine dunkle; so führt uns der Text für Saturnus als lichte Seite die Barmherzigkeit an, als dunkle den Geiz.

Die obere Hälfte desselben Bildes weist noch zurück auf die erste Bitte: Wir finden links die Worte: «Licht, Kraft, Freude in **Erkenntnis** Gottes, Tugend und Lobgesang». An die Darstellung der Studienbereiche des Gottesbereiches erinnern die Zeichnungen der drei Welten, doch leitet das mittelste Motiv der Figur 12 schon über zum **Figurenbild 13** (S. 22) derselben Bitte: Wir sehen Rose und Lilie, die stark verkörperte Blume und die schwach verkörperte Blume als Hinweis schon hier.

Und auch die zwei Seiten des Willens, die Gnadenwahl zwischen Gut und Böse greift schon vor.

Das Bild 13 selbst aber drückt ganz stark aus, was dem rosenkreuzerischen Alchymisten, dem «hermetischen Philosophen» im Herzen lebt: Die Sehnsucht nach Wahrheit zieht ihn magnetisch hinan, er erkennt, daß eine «prima materia» allen Tieren und Pflanzen zugrunde liegt, daß Gottes Sonne die Säfte in Rose und Lilie belebt.

Auch er sucht an Hand der drei Vorgänge des Reiches Gottes, mit merkurialen, sulfurigen und verfestigend-salzartigen, das sich seinen Sinnen zuströmende Reich zu ergründen.

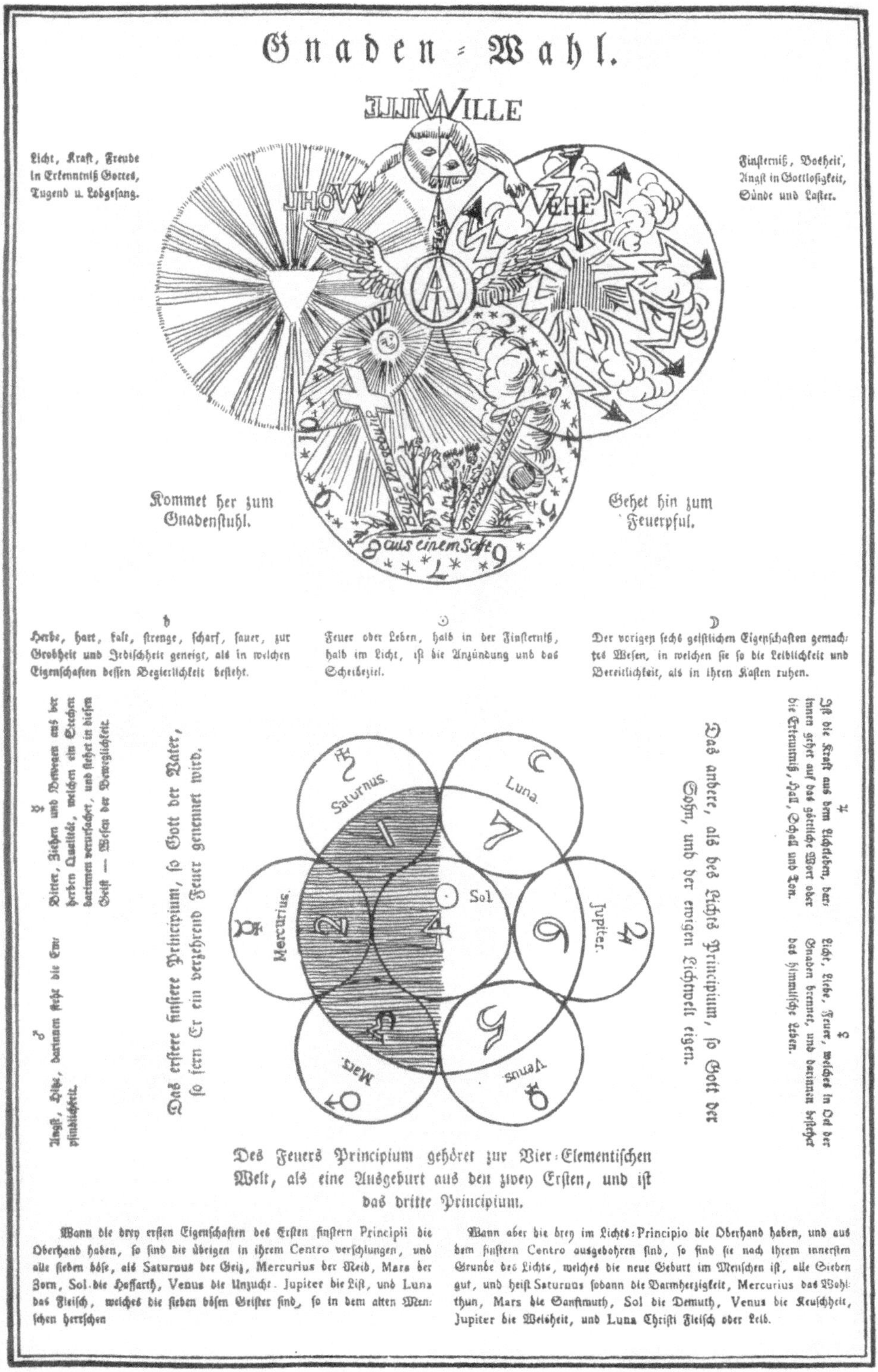

Bild 12 der «Figuren»

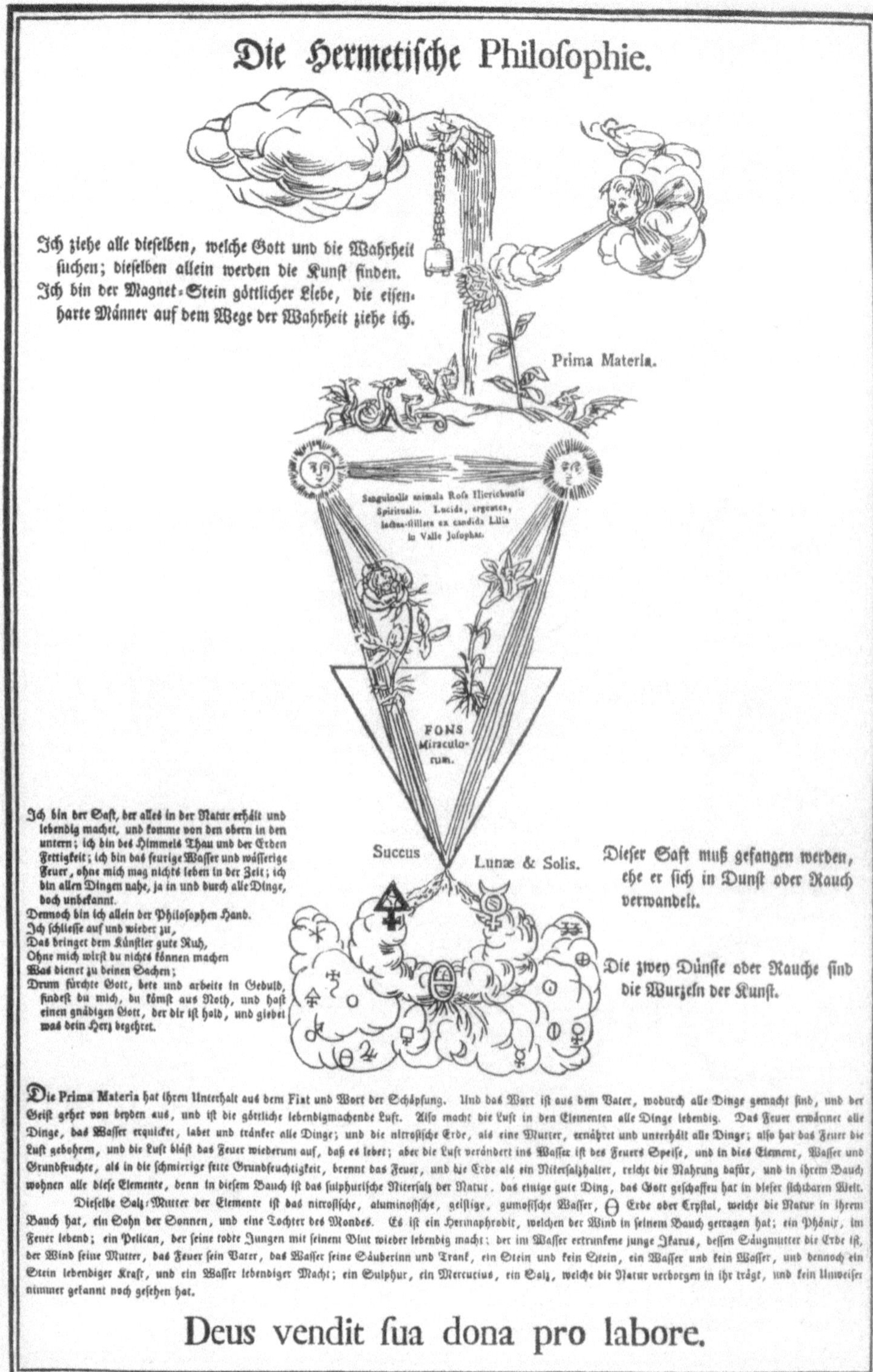

Bild 13 der «Figuren»

Die dritte Bitte

«Dein Wille geschehe
Wie im Himmel, so auf Erden»

Zur **Figur 16** (S.24):

Wenn aus dem Wesen Gottes ein Weniges einfließt in unser Herz, ein Weniges vom Christus, so daß es uns höher schlägt: Ja dann können wir erkennen und beten: «Dein Wille geschehe!»

Zur **Figur 17** (S. 25):

Das «Wie oben so unten» liegt schon in der Schöpfung «nach dem Bilde Gottes» enthalten und ist bereits von Hermes, dem «Dreimalgroßen», dem Inaugurator der ägyptischen Kultur erkannt und verkündet worden. Die «Tabula Smaragdina» wird auf ihn zurückgeführt. Und Jesus hat diesen Hinweis des «Wie im Himmel, so auf Erden» aufgenommen in sein Mysteriengebet, damit uns die Überwindung der Abweichung, die Überwindung des Egoismus durch den Blick auf die göttliche Liebe leichter fallen möge.

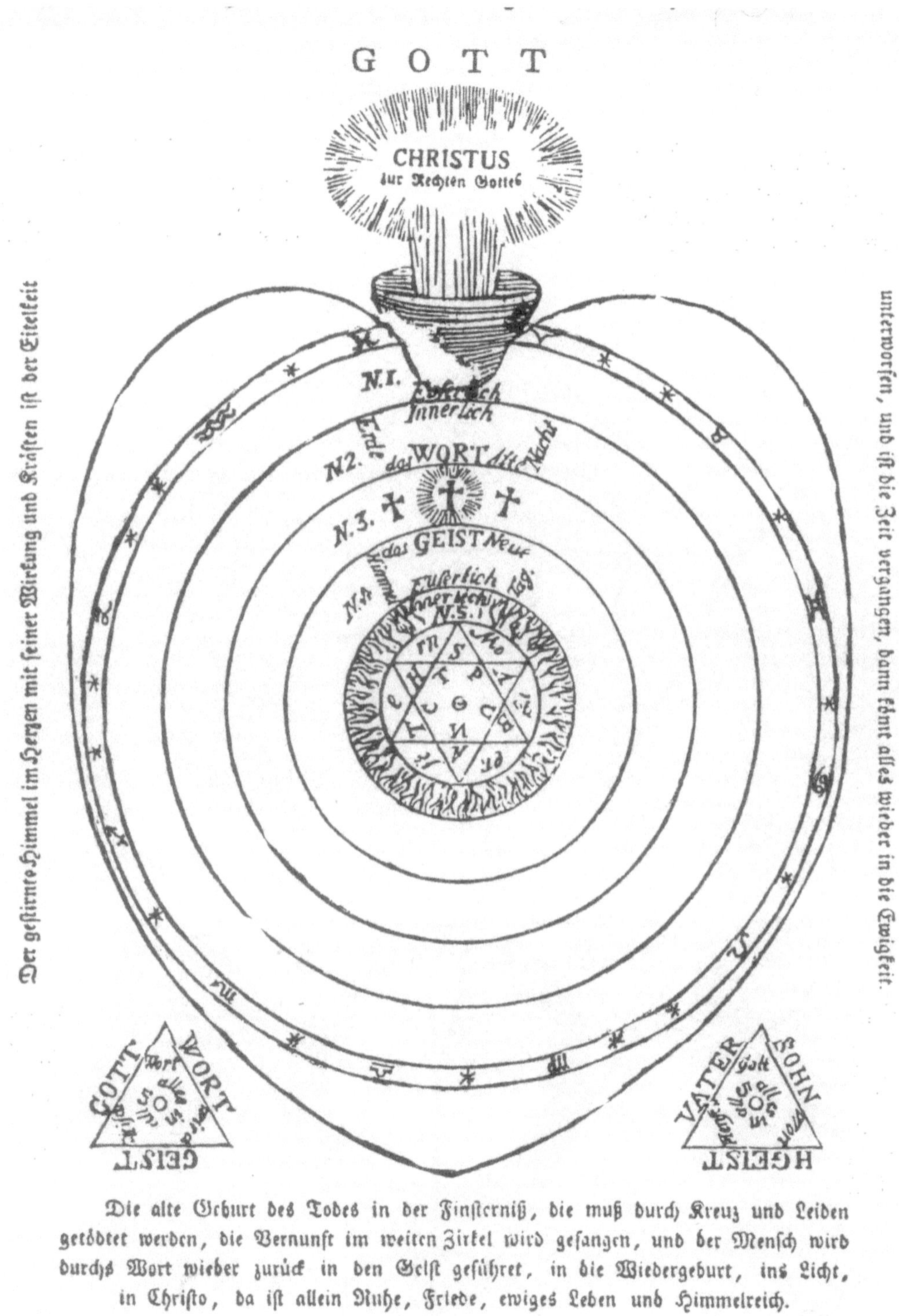

Ausschnitt aus Bild 16 der «Figuren»

TABULA SMARAGDINA HERMETIS.

VERBA SECRETORUM HERMETIS.

Wahrhaftig ohne Lügen gewiß, und auf das allerwahrhaftigste, dies, so Unten, ist gleich dem Obern, und dies, so Oben, ist gleich dem Untern, damit man kann erlangen und verrichten Wunderdinge eines einigen Dinges. Und gleich wie alle Dinge von einem Dinge-alleine geschaffen, durch den Willen und Gebot eines Einigen, der es bedacht: also entstehen auch alle Dinge nunmehro aus diesem einzigen Dinge, durch Ordnung der Natur. Sein Vater ist die Sonne, und seine Mutter der Mond; Die Luft trägt es gleich als in ihrer Gebährmutter; Seine Ernährerin oder Säugamme ist die Erde. Dies Ding ist der Ursprung aller Vollkommenheiten so in der Welt sind. Seine Kraft ist am vollkommensten wann es wieder in Erde verwandelt ist. Scheide alsdann die Erde vom Feuer, und das Snbtile oder Dünne vom Dicken oder Groben, fein lieblich mit grossen Verstand und Bescheidenheit. Es steigt von der Erde gen Himmel, und von dannen wiederum zur Erde, und nimmt an sich die Kraft des Obern und Untern. Also wirst du haben die Herrlichkeit der ganzen Welt. Derohalben weiche von dir aller Unverstand und Unvermögenheit. Dies ist von aller Stärke die stärkste Stärke: denn es kann überwinden alle subtile Dinge, und kann durchdringen ein jedes hart oder vest Ding. Also ist die Welt geschaffen, dahero entstehen seltsame Vereinigungen, und werden mancherley Wunder gewürket, welcher Weg dieselbige zu würken dieser ist. Derhalben bin ich genannt worden: Hermes Trismegistus, habe drey Theile der Weisheit der ganzen Welt. Dies sey gesagt von dem Meisterstück der chymischen Kunst.

Bild 17 der «Figuren»

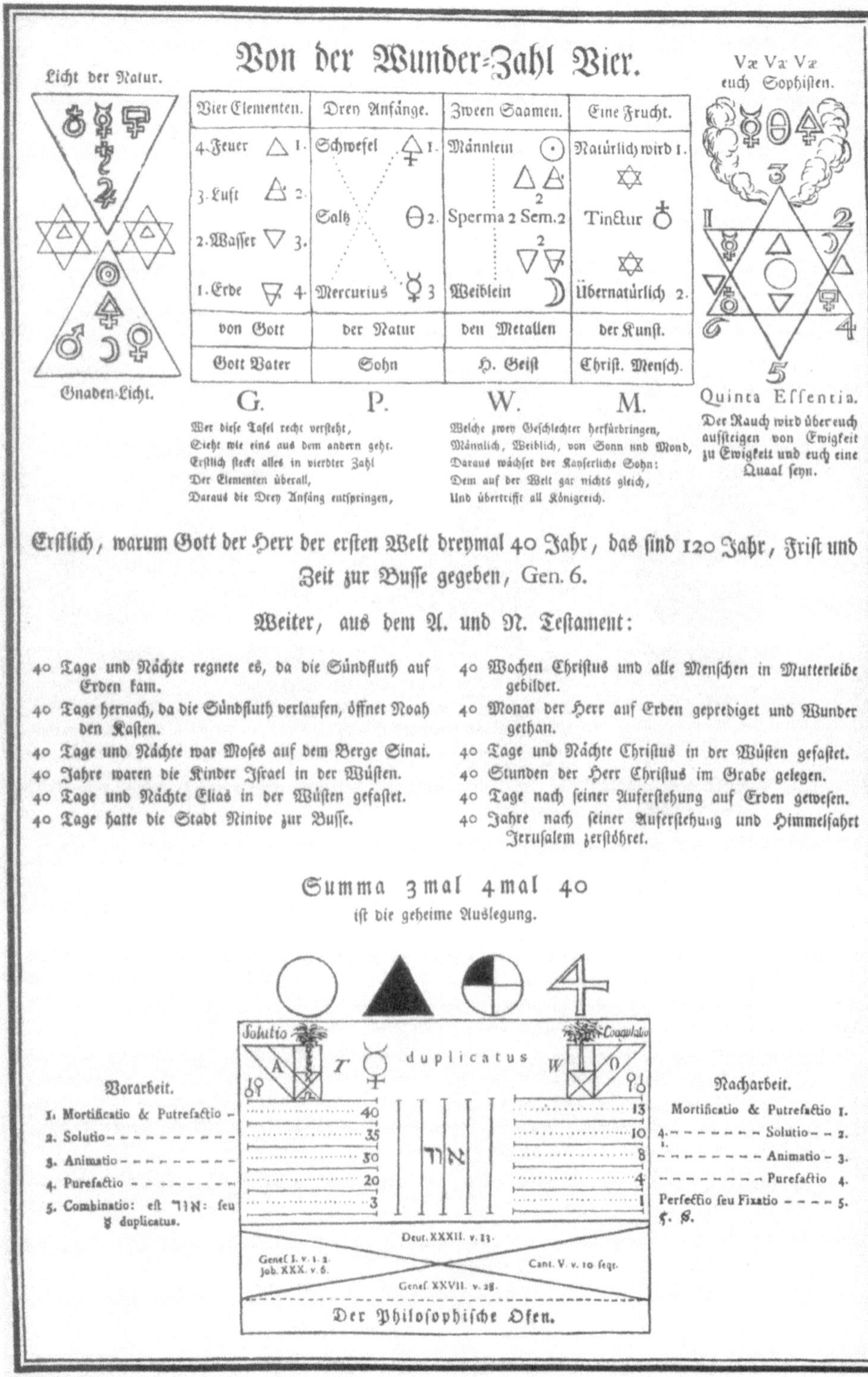

Von der Wunder-Zahl Vier.

Licht der Natur.

Væ Væ Væ euch Sophisten.

Vier Elementen.	Drey Anfänge.	Zween Saamen.	Eine Frucht.
4. Feuer 1.	Schwefel 1.	Männlein	Natürlich wird 1.
3. Luft 2.	Saltz 2.	Sperma 2 Sem. 2	Tinctur
2. Wasser 3.			
1. Erde 4.	Mercurius 3	Weiblein	Übernatürlich 2.
von Gott	der Natur	den Metallen	der Kunst.
Gott Vater	Sohn	H. Geist	Christ. Mensch.

Gnaden-Licht.

G. P. W. M.

Quinta Essentia.

Wer diese Tafel recht versteht,
Sieht wie eins aus dem andern geht.
Erstlich steckt alles in vierdter Zahl
Der Elementen überall,
Daraus die Drey Anfäng entspringen,

Welche zwey Geschlechter herfürbringen,
Männlich, Weiblich, von Sonn und Mond,
Daraus wächset der Kayserliche Sohn:
Dem auf der Welt gar nichts gleich,
Und übertrifft all Königreich.

Der Rauch wird über euch aufsteigen von Ewigkeit zu Ewigkeit und euch eine Quaal seyn.

Erstlich, warum Gott der Herr der ersten Welt dreymal 40 Jahr, das sind 120 Jahr, Frist und Zeit zur Busse gegeben, Gen. 6.

Weiter, aus dem A. und N. Testament:

40 Tage und Nächte regnete es, da die Sündfluth auf Erden kam.
40 Tage hernach, da die Sündfluth verlaufen, öffnet Noah den Kasten.
40 Tage und Nächte war Moses auf dem Berge Sinai.
40 Jahre waren die Kinder Israel in der Wüsten.
40 Tage und Nächte Elias in der Wüsten gefastet.
40 Tage hatte die Stadt Ninive zur Busse.

40 Wochen Christus und alle Menschen in Mutterleibe gebildet.
40 Monat der Herr auf Erden geprediget und Wunder gethan.
40 Tage und Nächte Christus in der Wüsten gefastet.
40 Stunden der Herr Christus im Grabe gelegen.
40 Tage nach seiner Auferstehung auf Erden gewesen.
40 Jahre nach seiner Auferstehung und Himmelsfahrt Jerusalem zerstöhret.

Summa 3mal 4mal 40
ist die geheime Auslegung.

Vorarbeit.

1. Mortificatio & Putrefactio
2. Solutio
3. Animatio
4. Purefactio
5. Combinatio: est אזוך: seu ☿ duplicatus.

Solutio A T ☿ duplicatus W O Coagulatio

40 35 30 20 3 — אזוך — 13 10 8 4 1

Nacharbeit.

Mortificatio & Putrefactio 1.
Solutio 2.
Animatio 3.
Purefactio 4.
Perfectio seu Fixatio 5.

Deut. XXXII. v. 13.
Genes. I. v. 1. 2. Job. XXX. v. 6.
Cant. V. v. 10 seqq.
Genes. XXVII. v. 28.

Der Philosophische Ofen.

Bild 26 der «Figuren»

Die vierte Bitte

«Unser tägliches Brot gib uns heute!»

Mit dieser Bitte verlassen wir den Ausblick auf die heilige Trinität und wenden uns der Erde und unserem Leibe zu. Damit treten wir in den geistigen Wirkensbereich der Zahl 4 ein, die als «Wunderzahl» hinter der vierten Entwicklungsstufe der Erde steht.

Als der vierten Bitte des Vaterunsers zugehörig betrachten wir nun die **Figurenbilder 26** (links), **28** (S. 9) und **29** (S. 31). Bild 26 führt uns mit einer großen Übersicht vor ein geistiges Urbild, dem auch ein Vortrag Rudolf Steiners, die «Weihnachts-Imagination» abgelauscht erscheint: Zunächst in den Bereich der vier Elemente. Aus diesen können durch drei Vorgänge der Natur und durch zwei «Ur-Eltern», hinter denen Sonnen- und Mondenkräfte stehen, «Kinder» geboren werden, vom «Göttlichen Sohn» bis zu den Menschensöhnen.

Wenn wir nicht Sophisten sind (siehe rechts oben im Bild: «Wehe euch Sophisten!»), wissen wir, daß zum täglichen Leben auf der Erde nicht nur Brot im engsten Sinne, sondern mehr gehört.

Wir haben im Sinne des Rosenkreuzertums diese Bitte zu erweitern hin zu dem Bewußtsein, daß das Lebensbrot jeden Erdentages eines Menschen zwar primär dem physischen Leibe notwendig ist, aber auch aus Anderem besteht, etwa:

aus Arbeit als Lebenserfüllung,
aus Liebe zum Nächsten,
aus «Inspirationen» für den Künstler,
aus Hilfe jeglicher Art für unsere – wenn auch

nur in noch so kleinen Schritten sich vollziehende – Entwicklung.

Die Zahl des Menschen ist die Zehn, das Bild 26 zeigt die Zehn und die 4 x 10 dann vielfach an Hinweisen aus dem Alten und Neuen Testament.

Zu **Bild 28** der «Figuren»:
Aus den vier Elementen der Erde werden bei näherem Zusehen sofort mehr, zunächst viermal mehr. Alle reichen sich die Hände. – An Stoff für Meditationen mangelt es bei der dann aufscheinenden wunderbaren Vermehrung wahrlich nicht.

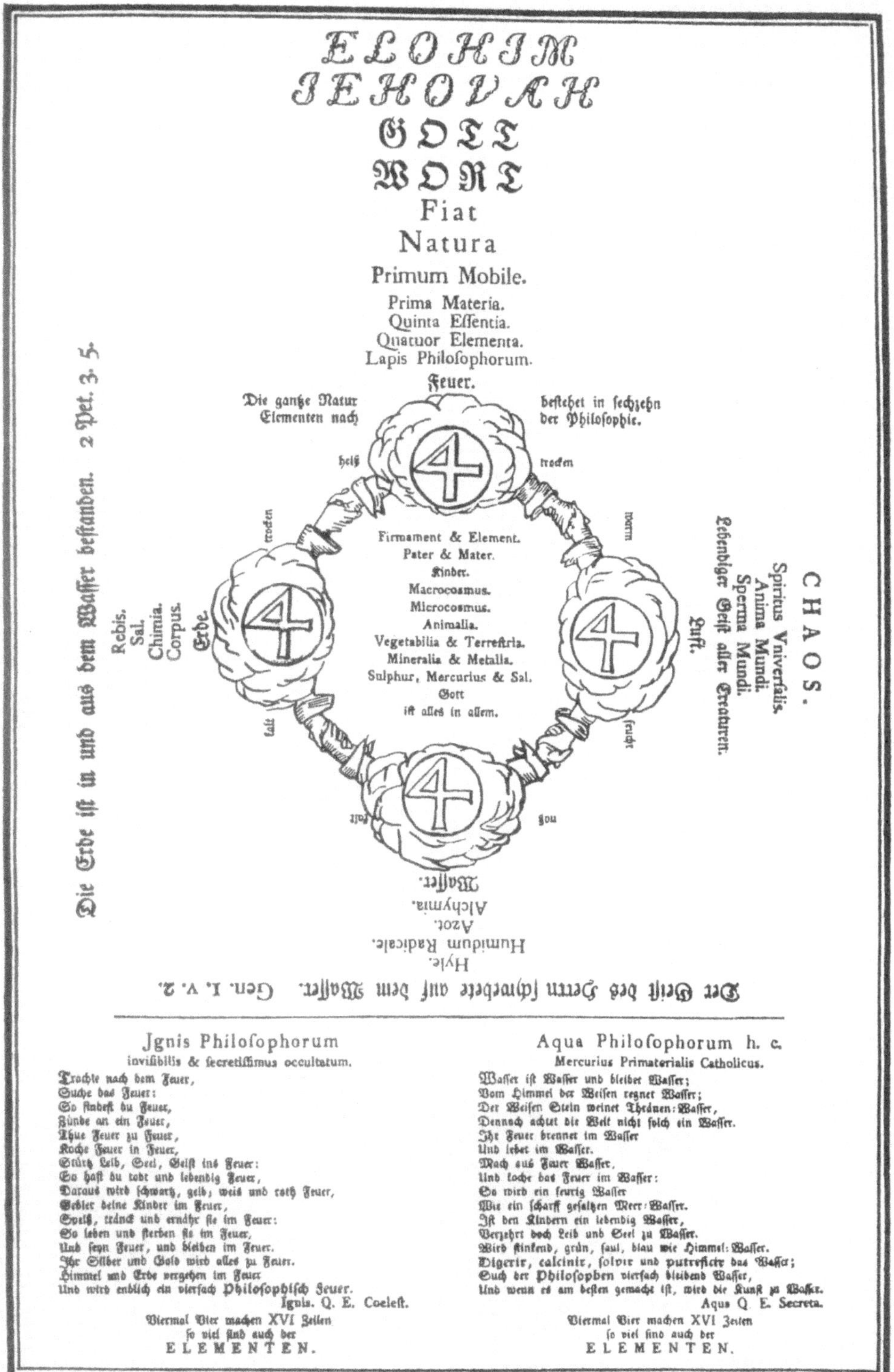

Bild 28 der «Figuren»

Nun zu **Bild 29** der «Geheimen Figuren»:

Das «Geheimnis aller Geheimnisse» ist auf dieser Darstellung zu suchen, in ihrer innersten Mitte. Schon das Bild 29 selbst stellt die Mitte der 57 Bildern dar und bezüglich der sieben Bitten des Vaterunsers ist es deren Mitte, der vierten Bitte zuzuordnen. Und in der Mitte der 57 Worte des griechischen Ur-Vaterunsers steht das Wort «epiousion». Karl Friedrich Althoff bringt zu diesem Wort auch eine kleine Zeichnung (auf Seite 86 seines Buches): Es ist das Radkreuz mit schräg gestellten Speichen, das Rad umschließt also das «Andreaskreuz». Und das zugehörige griechische Wort, im Alltagsgebrauch mit «täglich Brot» übersetzt, kommt in der Form **«epiousion»** (ΕΠΙΟΥΣΙΟΝ) lt. Althoff im ganzen griechischen Evangelium nur an dieser Stelle vor. Wir dürfen es zunächst mit Althoff steigern zur Bitte um das «ur-künftig-alltägliche Brot» im Sinne der Grals-Überlieferung zur Bitte um die «wandelnde Wegzehrung», im Sinne des bereits bei Bild 26 angeregten Gedanken des Lebensbrotes.

Und das «Geheimnis aller Geheimnisse» auf dem Bild 29 zeigt sich ebenfalls das Radkreuz, hier mit horizontal und vertikal gestellten Durchmessern! So sehen wir deutlich, wie das Kompositionsgeheimnis der «Figuren» unserer Ausgabe und dasjenige des Weltengebetes dem gleichen Urbild zugehören.

Über das Radkreuz ausführlich zu sprechen würde eine eigene Arbeit erfordern; bildhafte Beispiele finden sich in großer Zahl in den «Figuren».

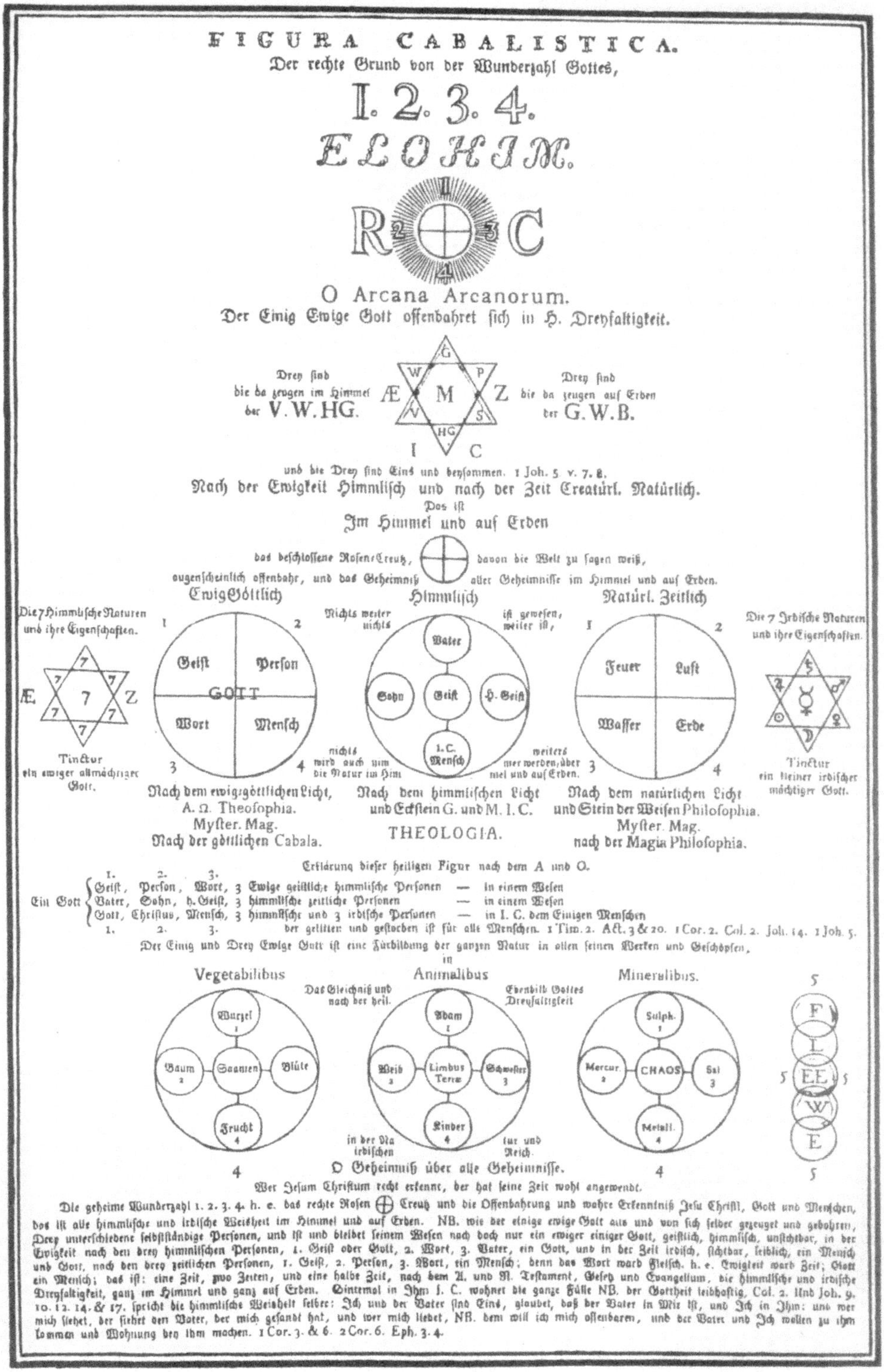

Bild 29 der «Figuren»

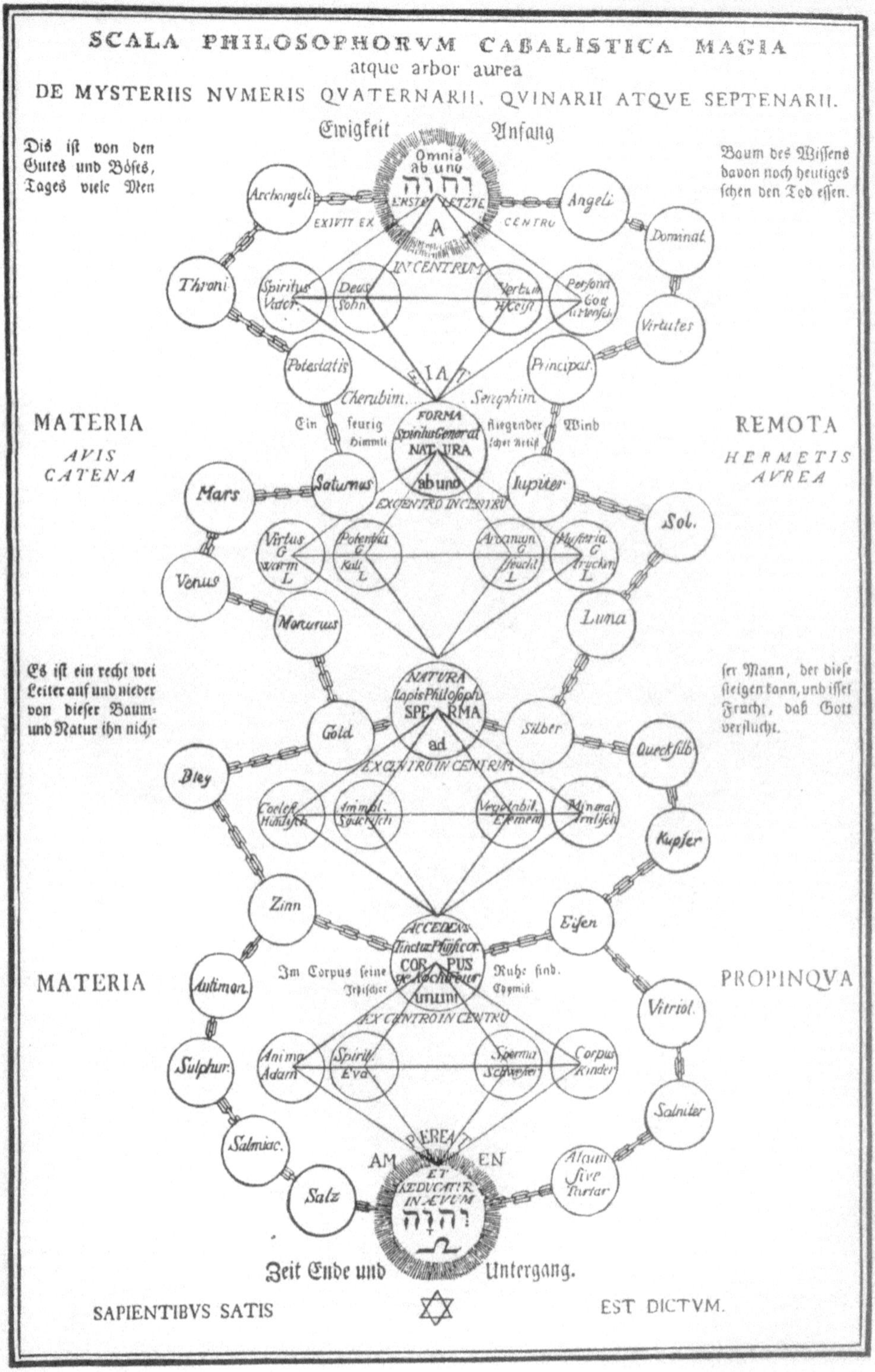

Bild 33 der «Figuren»

Die fünfte Bitte

«**Vergib uns unsere Schuld**» – und dazu das Wechselverhältnis – «**Wie auch wir vergeben unseren Schuldigern**» werden uns in den **Figurenbildern 33** (links)**, 35** (S. 36) und **36** (S. 37) nahegebracht.

In Schuld geraten wir, wenn wir eine übergeordnete Ordnung stören. Mit dieser fünften Bitte betreten wir also ein Gebiet des **Sozialen**.

Durch unser Verhalten zu Mitmenschen etwa, durch **Verhalten**, nicht durch Affekthandlungen etwa. Das heißt aber im Bereich des Ätherischen Wirkungen auszulösen! In dem eigenen Ätherleib ist unsere Verhaltensweise daheim, wie auch z.B. unsere Gewohnheiten hier eingeprägt werden. Im Ätherbereich der Schöpfung überhaupt aber ist jedes Wesen eingegliedert in die Welt.

Betrachten wir daraufhin das **Bild 33** der «Figuren»: Es spricht sehr deutlich vom Ätherbereich, von den Grundgedanken der Schöpfung: Vom Alpha bis zum Omega zeichnet es eine Grundstruktur, von einem «Omnia ab Uno», aus der göttlichen Strahlenaura geht die Heilige Trinität hervor, entschließt sich zum «Fiat» im Kreise der göttlichen Hierarchien, geht durch die Stufenfolge der Planeten, der Metalle, der Erkenntnisstufen des Menschen herunter. Wie die Strukturen aller Wesen und Dinge im vierten Schöpfungsstadium der Erde, vom Kohlenstoff-Atom bis zum viergliedrigen Aufbau der menschlichen Hüllen. – Darüber kann man hier viel meditieren. Z.B: von β-Naphtol, so erfolgt sofortige Kupplung unter Fällung von **Sudanrot**:

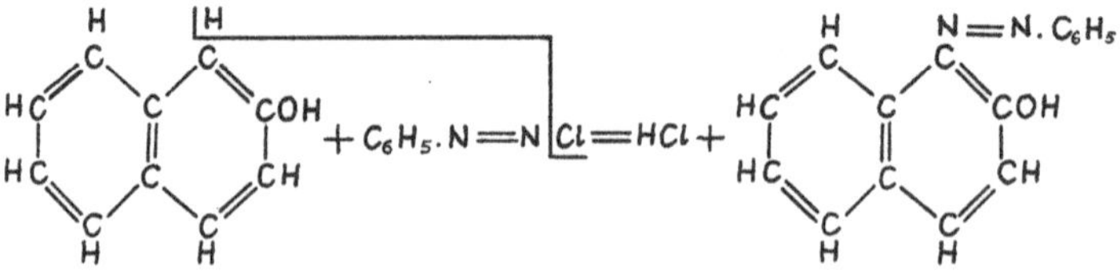

Nach Johann Rippel (1858-1926), Grundlinien der Chemie

Wenn wir dieses (aus einem Chemiebuch) willkürlich herausgegriffene Strukturbild betrachten, dann können wir ahnen, daß es sich um «C» – also Kohlenstoff-Atome handelt, die mit «H», also Wasserstoffatomen, auch teilweise mit «O», also Sauerstoff und auch mit «Cl», also Chlor irgendwie kompliziert verbunden sind. Den Gesetzen solcher «Strukturen» von Stoffen hat im 19. Jhdt. der Chemiker Kekulé von Stradonitz nachgespürt, bis ihm die entsprechende «Erleuchtung» kam, nämlich die «Benzoltheorie».

Dr. Steiner sprach auch über diese Erleuchtung zu uns Arbeitern des ersten Goetheanumbaues am 9. Mai 1923 – der Verfasser war selst Zuhörer damals – in Dornach, und dort setzte er diese Erleuchtung sogar in Vergleich mit der Erleuchtung des Jesus durch Christus bei der Jordantaufe:

«Ja, meine Herren, Sie sehen, da mußte ein ganz materialistischer Chemiker gestehen, mit seinem Denken, mit dem Ausdenken wäre er gar nicht auf die Sachen gekommen, sondern er bekam sie eben durch einen Traum, diese zwei Dinge. Eine Erleuchtung, ein richtiges Eingeben war alles. Nun möchte ich einmal wissen, warum man sich dagegen wendet, wenn gesagt wird, daß der Jesus, der übriggeblieben war, im dreißigsten Jahr etwas ganz anderes geworden ist. Natürlich, der Kekulé ist nicht gleich ein anderer Mensch geworden, weil die Eingebung doch eine kleine war. Aber in den Jesus zog ein das Wissen von der ganzen Welt, wie er dreißig Jahre alt war. Das war in jenen älteren Zeiten etwas, was durchaus möglich war, und ähnliche Dinge sind auch heute noch möglich. Also Sie müssen sich nur denken, daß der Jesus von Nazareth, der da übriggeblieben war, im dreißigsten Jahre erleuchtet worden war mit alledem, was man den Christus nennt. Der fuhr in ihn hinein, wie in den Kekulé die Benzoltheorie hereingefahren ist. Dadurch war er ein ganz anderer Mensch geworden.»[1].

Das große **Strahlenbild 35** der Rosenkreuzerfiguren (S. 36) schließt sich an das eben besprochene des ätherischen Aufbaues aus dem Bild 33 an: Ging letzteres von «Alpha» aus und schloß mit dem «Omega», so sagt Bild 33 uns direkt «Ich bin das A und O, der Erste und der Letzte». Und der große Strahlenkreis zeigt schon im Inneren die Struktur des Radkreuzes: An den Enden vier Speichen, der vier Wege, winken Kronen; dabei ist die Engelwelt und im Zentrum, im Schnittpunkt liegt «Radix Davidis», das aus der «Wurzel Davids» hervorgegangene «Lamm Gottes». Die Erbsünde, die «Schuld» ist wohl im Schicksalsbuche vorgezeichnet, aber dieses ist geschlossen, Christus hält es versiegelt; Er ist bereit, die Folgen unserer Schulden auf sich zu nehmen, soweit sie objektiv die Welt berühren. Wir aber müssen ebenso bereit sein, unseren Nächsten zu vergeben, so verlangt es das objektive Weltengesetz bezüglich der persönlichen Schulden des Einzelmenschen. – Daß das große Strahlenbild zugleich der Grundriß-Entwurf für die Gralsburg gemäß der Schilderung von Scharfenberg ist, und daß zum Schluß dieses Bildes 33 ein Herzens-Rosenkreuz winkt, kann uns bezüglich unseres «Karma», bezüglich unserer Schuld Trost gewähren.

Zur fünften Bitte des Vaterunsers dürfen wir auch noch das **Bild 36** (S. 37) der Rosenkreuzerfiguren betrachten: Es war eine Auszeichnung für die Brüder, wenn sie nach fleißigem Alchymisten-Studium in den Grad des

---

[1] *Rudolf Steiner, ...*

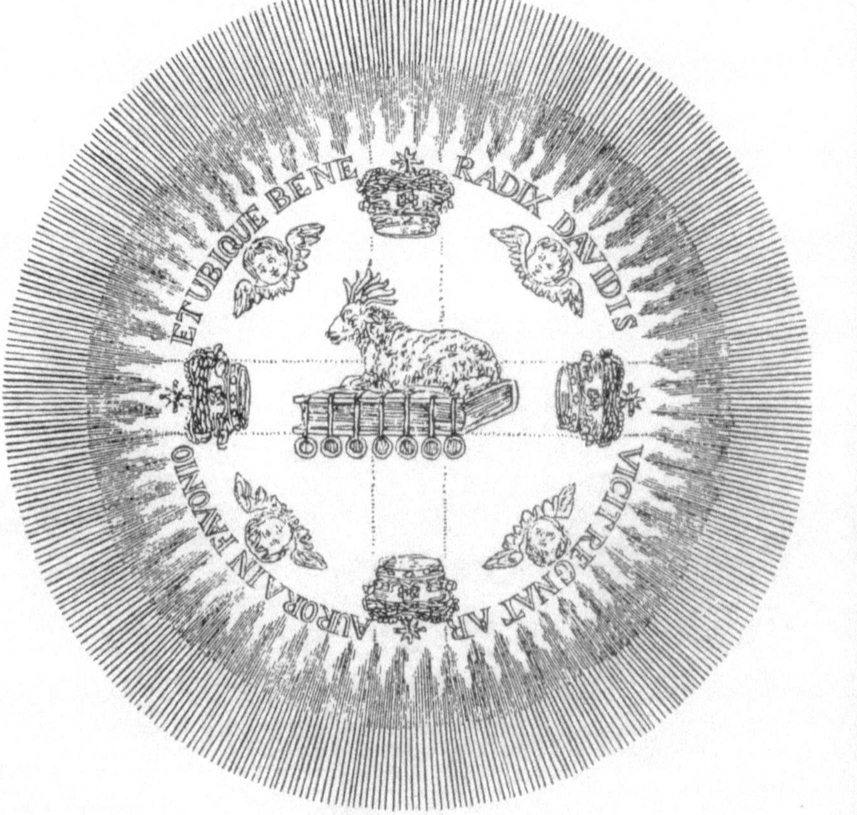

JESUS.

Ich weiß nichts, ich kann nichts, ich will nichts, mir geliebet nichts, ich rühme mich nichts, ich erfreue mich nichts, ich lerne nichts, ich ſuche nichts, ich begehre auch nichts im Himmel und auf Erden: ohn allein das lebendige Wort, das Fleiſch worden, Jeſum Chriſtum den Gecreutzigten. 1 Cor. 2.

Diß iſt der allerheiligſte, hochverſtändigſte, himmliſcher Articul, und uns doch augenſcheinlich von Gott geoffenbahret im Licht der Natur leibhaftig.

Phyſica. **Ich bin das A und Ω der Erſte und der Letzte.** Metaphyſica & Hyperphyſica.

Apocal. 1. v. 11. 12. Cap. 5. v. 5. ſeq.

D. O. M. A.

Deo omnipotenti ſit Laus, Honos & Gloria in Seculorum Secula, Amen.

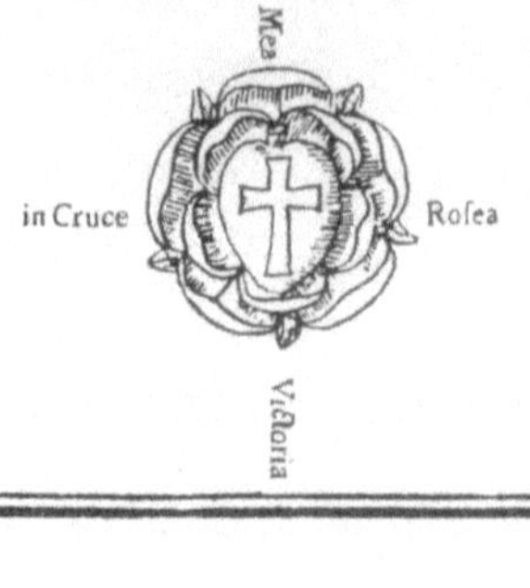

Bild 35 der «Figuren»

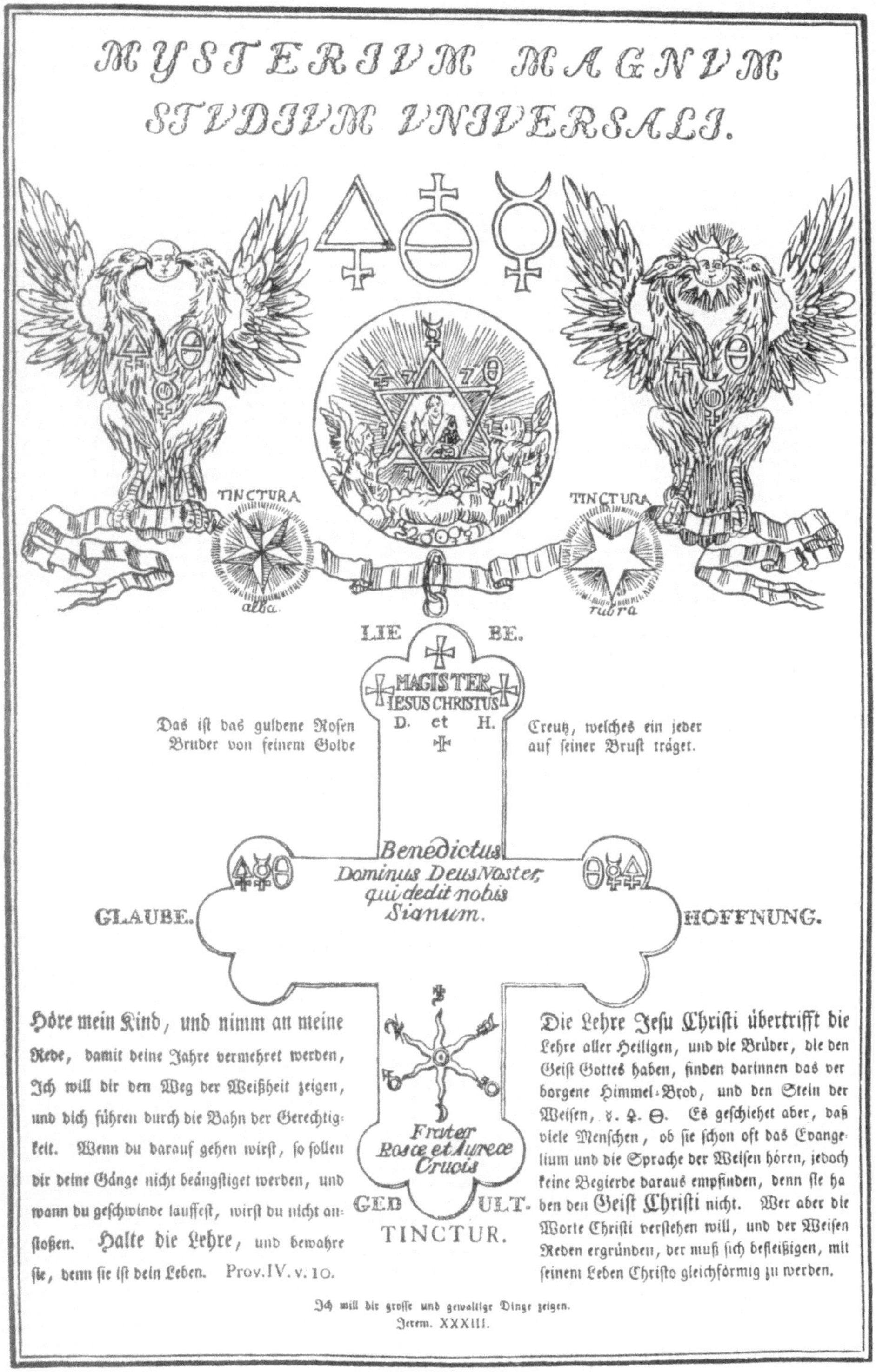

Bild 36 der «Figuren»

«Goldenen Rosenkreuzes» aufgenommen werden konnten. Denken wir uns da hinein: Vorausgesetzt wird, daß wir die vier Haupt-Tugenden pflegen: Glaube, **Liebe**, Hoffnung und Geduld, Tugenden, die **unser** Kreuz bilden. Dazu müssen wir immer wieder die drei alchymistischen Vorgänge innerlich oder äußerlich beobachten, hervorrufen und üben:

Sulphur, Merkur, Sal

Die Bilder der beiden Doppel-Adler können uns dabei als Aufforderungen sagen: Wir haben Sonnen- und Mondenkräfte als Geschenk zur Verfügung. Im Sinne der Rosenkreuzerischen Schulung haben wir diese in zwei Richtungen zu pflegen, nach innen, wie früher etwa die Mönche und nach außen, wie die Tätigen, etwa Wissenschafter, Ärzte usw.

Eine Rückschau auf die vierte Bitte gibt uns der Satz des Bildes 36 vom «Goldenen Himmelsbrot» und eine Vorschau auf die «Bahn der Gerechtigkeit» (links unten) kann uns ahnen lassen, daß wir es auf die Gesinnung

«Wie auch wir vergeben unseren Schuldigern»

sehr ankommt.

Die «Bahn der Gerechtigkeit», von der im vorhin gezeigten Bilde gesprochen wurde, führt uns zur «Sonne der Gerechtigkeit» im **Bilde 46** (S. 40). Damit kommen wir in den nächst höheren Bereich unserer Betrachtungen.

Die sechste Bitte

«Führe uns nicht in Versuchung!»

Die «Versuchung» ist auf einem Gebiet besonders daheim, das mit der Astralwelt und mit unserem empfindenden Wesensglied zu tun hat, mit unserer dritten Leibeshülle. Die Rosenkreuzer dachten dabei, wie die Wissenden des Alten Testamentes auch schon an «Eva», aber nicht nur an die gewissermaßen irdische Eva, sondern an deren Ur-Gestalt, an die himmlische Eva, welche zum Ausgleich des Falles nach der luziferischen Versuchung dann zur Mutter des Gottessohnes wurde, an «Eva-Sophia», die zum «Instrumentum Divinum», zum göttlichen Instrument wurde und dem «Collegium ad Spiritum Sanctum» der reichen Fülle der Naturgeschöpfe aus ihren Brüsten Nahrung spendet.

Eine erweiterte Ausgestaltung dessen, was schon die große göttliche Diana von Ephesos den Griechen war finden wir so im **Bilde 46** der «Geheimen Figuren».

Ein klein gedrucktes Wort kann uns noch lehren: «Suche Freundschaft mit dem Archäo, dem vertrauten Türhüter, er ist der Natur vereidiget, und ihr verschwiegener Laborant und geheimer Kammerdiener.»

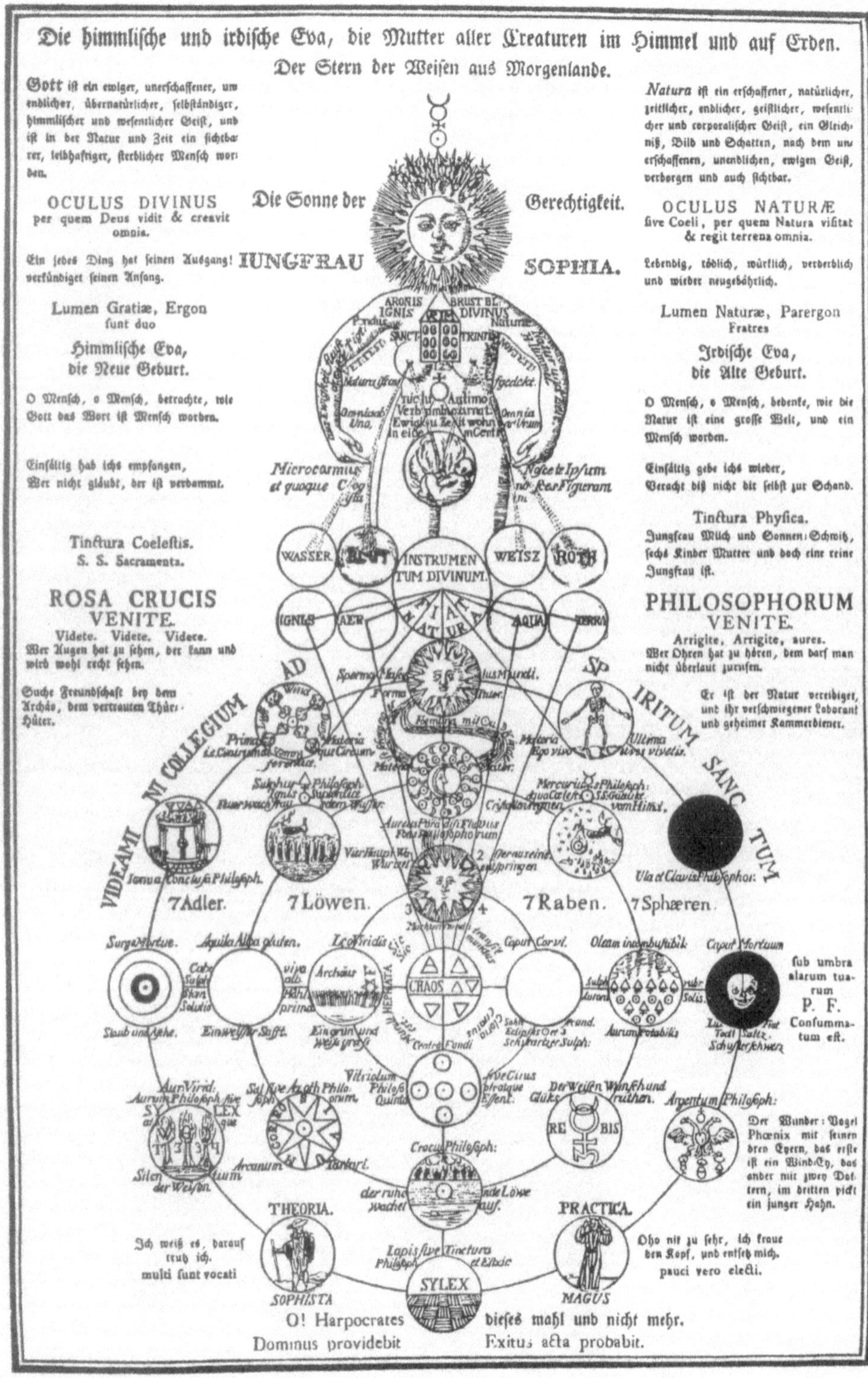

Bild 46 der «Figuren»

Ausschnitt aus **Bild 49** der «Figuren»

In die Höhen der göttlichen Astralwelt richtet sich unser Blick, wenn wir ahnend hinter dieser Figur das Urbild der leuchtenden Sonnen und Sterne und der sich dann im Äther und im Physischen manifestierenden Formen betrachten. Im Einzelnen ist jeder dieser Strahlensterne einem Wesen der Trinität besonders gelegen, der Sechsstern dem Vater, der Fünfstern dem Christus, das Strahlen-Viereck unserer (vierten) Erde dem Spiritus Sanctus, so sagen es die eingezeichneten Buchstaben, der Inhalt des ganzen Strahlenkreises aber der Maria-Sophia, von der uns das Figurenbild 46 sprach.

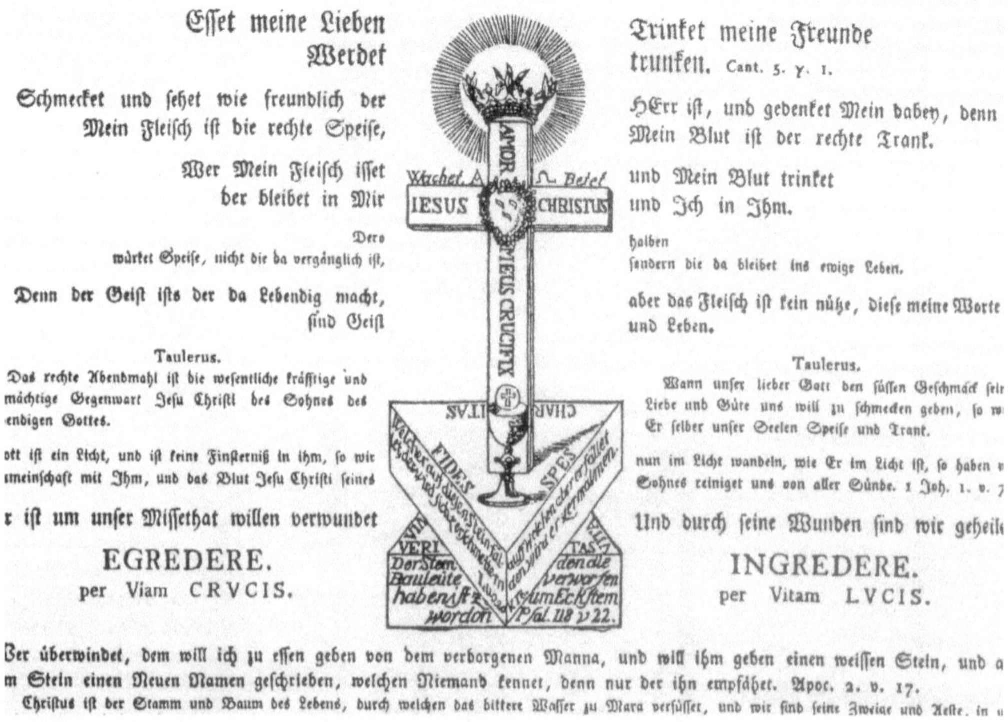

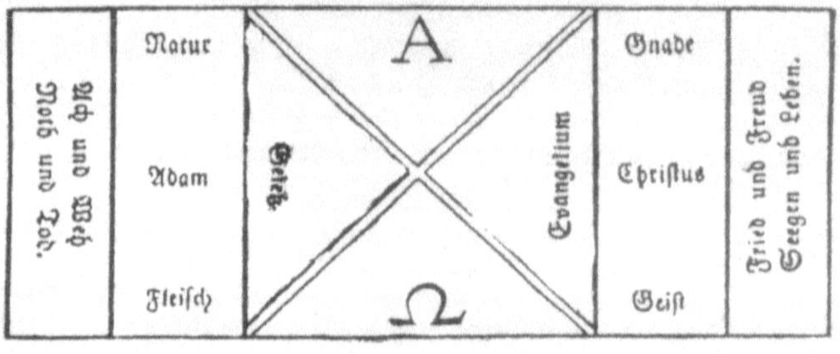

Ausschnitte aus dem **Bild 51** der «Figuren»

Oben: der wahre Schutz gegen die in uns lauernde Versuchung aber wird hier gezeigt: In der Eucharistie, in der Speisung der Millionen christlicher Menschen liegt er: «Esset, meine Lieben…»

Unten: durch unsere Adams-Natur sind wir der Versuchung ausgesetzt, «im Fleisch»; aber durch die Gnade und den Geist Christi wir zu widerstehen uns bemühen.

Die siebte Bitte

«Erlöse uns von dem Bösen»

Dieses findet sich in den **Bildern 52** (unten), **53** (S. 44) und **57** (S. 45).

Zu **Bild 52:**

Von diesem Tier, von diesem Bösen im Menschen möge uns Gott erlösen! – Das Buch aber, von diesem kommen und zeugen alle Bücher. – Dies ist es, was dieses Figurenbild ausspricht.

Ausschnitt aus Bild 52 der «Figuren»

Zu **Bild 53**:

Hier ist das Buch geöffnet: Mit der wahren Erkenntnis I. C., G. und M. – Jesus Christus, Gott und Mensch. Selig ist, wer die Zahl der Tieren «nennen», d.h. verstehen kann, nämlich die «Tinktur» aus dem Davidstern, also die alchymistische Seelenverwandlung.

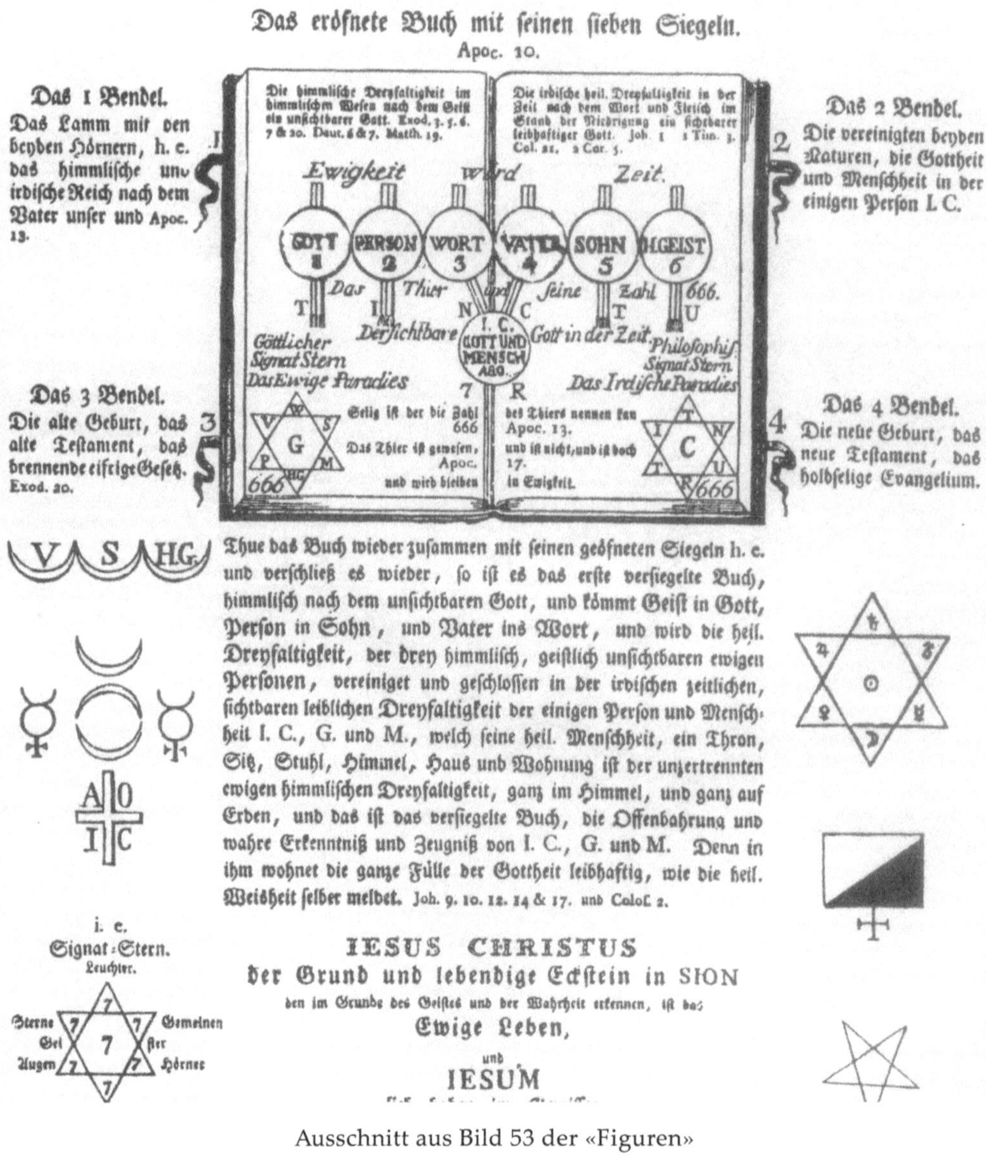

Ausschnitt aus Bild 53 der «Figuren»

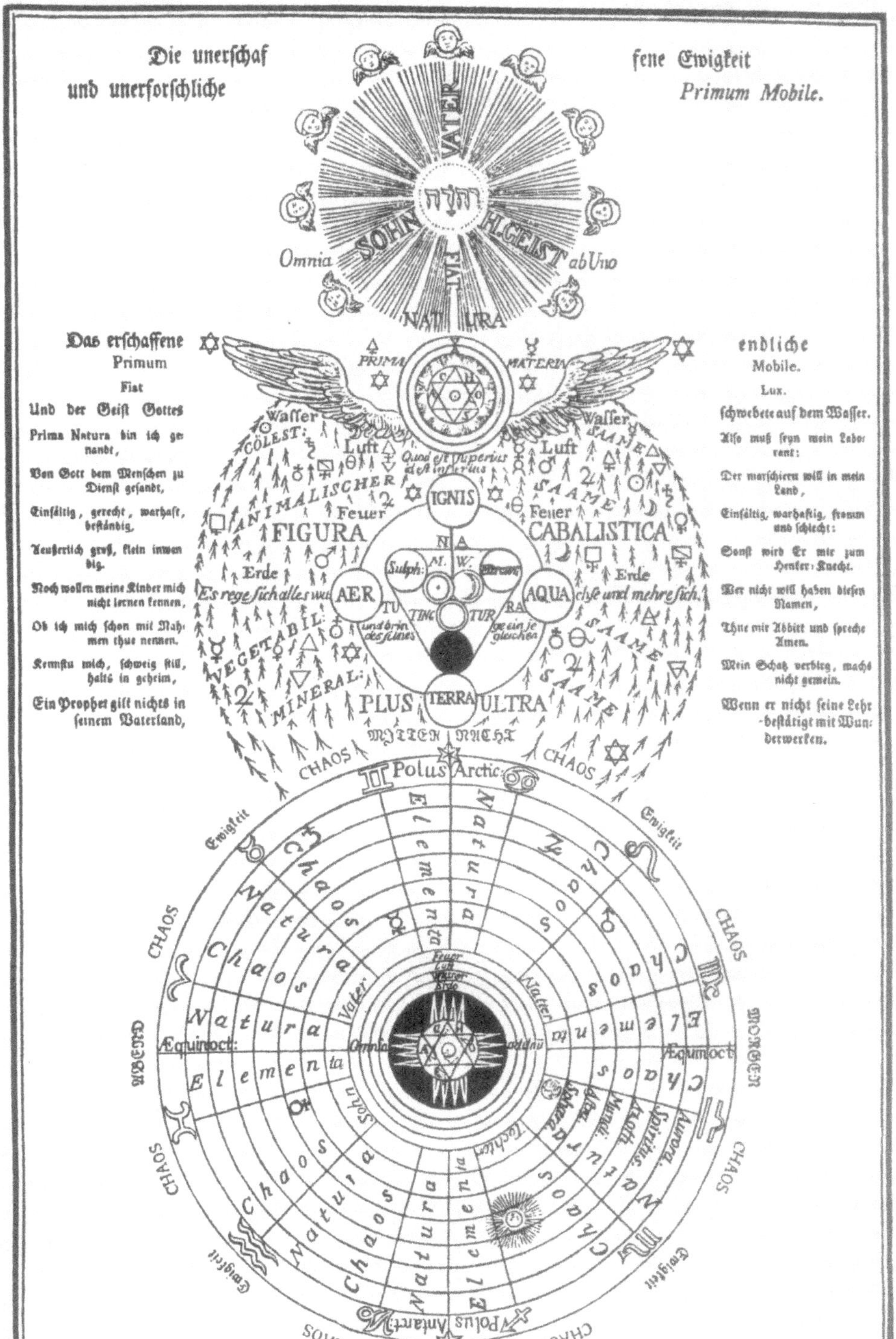

Bild 57 der «Figuren»

Die vorhin erwähnte alchymistische Seelenverwandlung wird ausführlich dargestellt in dem letzten, nun folgenden **Bild 57** der «Geheimen Figuren».

Wer die alchymistische Seelenverwandlung, also die moderne rosenkreuzerische Schulung (wie wir sie eben anhand des Vaterunsers und einer Reihe von «Figuren» betrachtet haben) versteht, dem sind im eigenen Wesen auch die vielen, die «666» Versuchungen des «Tieres» bekannt geworden, die Begierden im Astralleib. Können wir, wenn auch nur im Ansatz, dieses verstehen, können wir z.B. Versuchungen ignorieren statt sie zu «bekämpfen», dann können wir im Rückblick auch diesen letzten Bild der «Geheimen Figuren» ein wenig verstehen.

Wir sehen nämlich da die Natur der Sinneswelt zwischen Oben und Unten, zwischen der «Unerschaffenen Ewigkeit» mit ihrer Trinität und den neun Engelchören, wie sie sich bis zum «Fiat Natura» entschließt (oberer Bereich) und dem irdischen Bereich der Tierkreis-Sterne (unten), und wie in Letzterem zwischen je zwei Natur-Elementen, den Daseinsstufen, immer eine Chaos-Stufe, ein Pralaja eingeschaltet ist.

Im Mittelbereich, in unserem Natur-Sein finden wir, wie «sich alles regt», wie Samen aller Art, von Mineralien, Pflanzen und Tieren um die drei Verwandlungen und die vier Elemente in Fülle sich im Reigen bewegt.

Der zwischen den Fittichen der Geistwelt befindliche obere David-Stern kann uns offenbaren, wie in dem Moment, wo die erschaffene Göttin Natura den Fiat-Auftrag erhalten hat, aus dem Chaos das endliche «Primum mobile» zu formen, das «Thier» diesen David-Stern zu verlassen hat.

So erlöst uns die Göttlichkeit von dem Bösen.

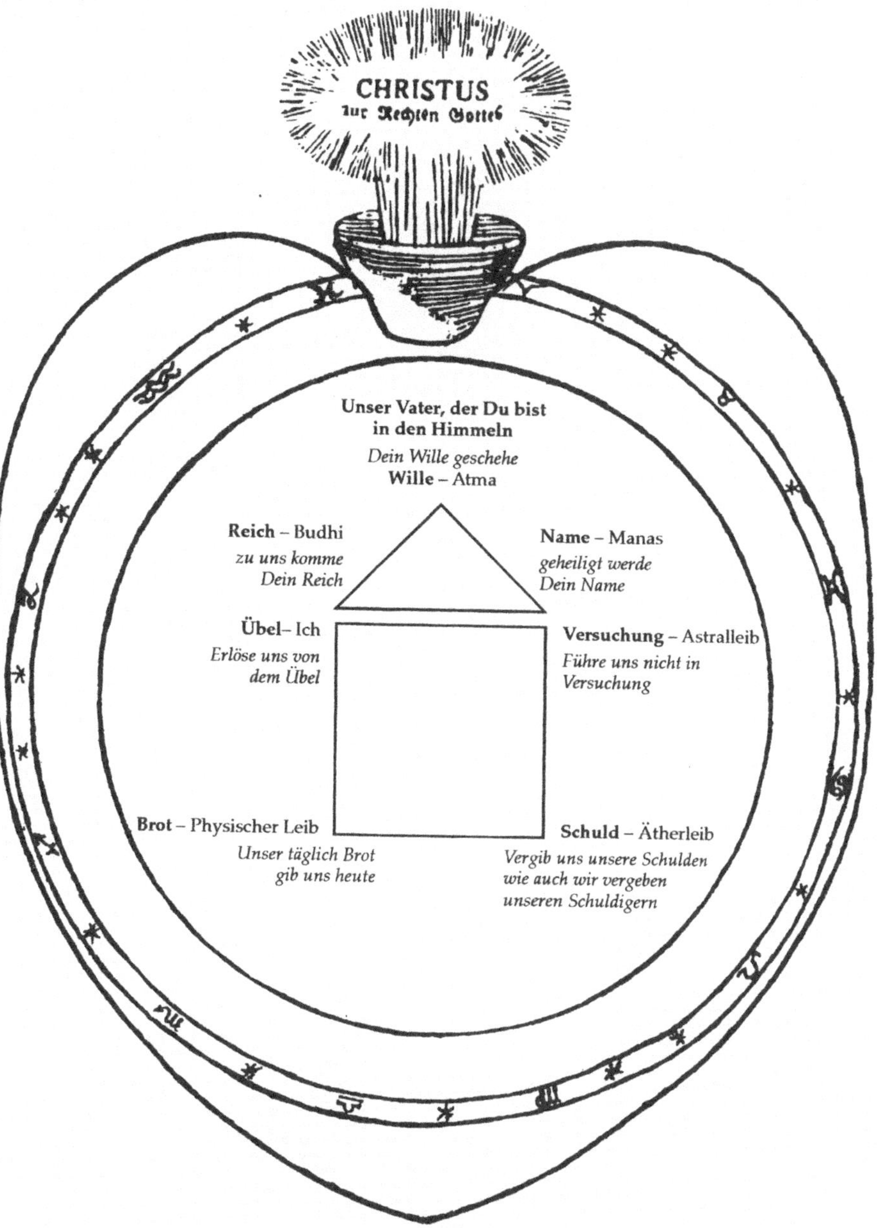

Entsprechungen des «Vaterunser» zum oberen Schema der Seite 10

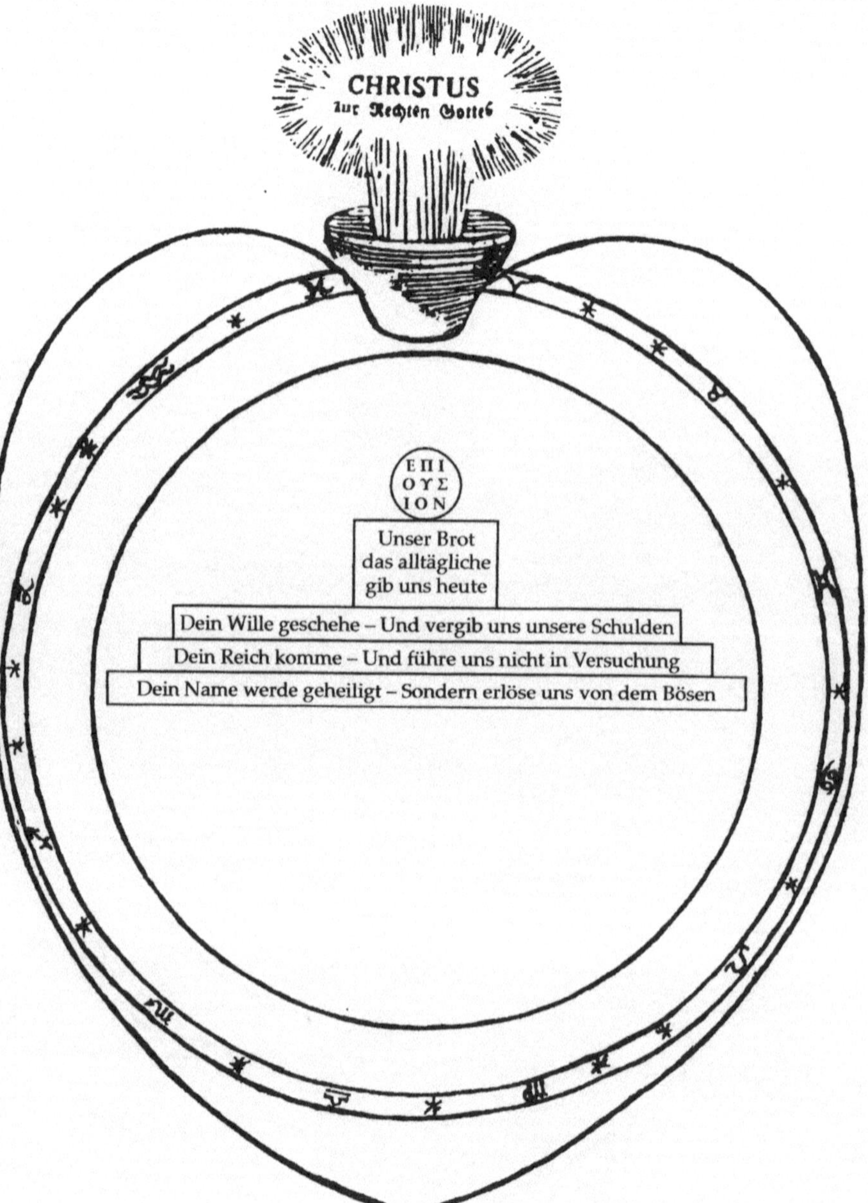

Entsprechungen des «Vaterunser» zum unteren Schema der Seite 10